Leo & Co.

Die Prinzessin

Alles Digitale zu diesem Buch kann auf der Lernplattform **allango** von Ernst Klett Sprachen abgerufen werden. So geht's:

QR-Code scannen oder **www.allango.net** aufrufen	Buchtitel oder ISBN in der Suche eingeben und auf das Buchcover klicken	Zum Inhalt navigieren, direkt abrufen oder speichern

Dieses Symbol bedeutet, dass zu einem Buch-Abschnitt ein digitaler Inhalt verfügbar ist: **Hörbuch und Lösungen zu den Übungen.**

Ernst Klett Sprachen

Stuttgart

Bildnachweis
10 Theo Scherling; **37** Andrea Pfeiffer; **48** Theo Scherling; **60** Jochen Müller; **61** Elke Burger

1. Auflage 1 6 5 4 3 2 | 2028 27 26 25 24

Nachfolger von 978-3-12- 606398-2
Alle Drucke dieser Auflage sind unverändert und können im Unterricht nebeneinander verwendet werden.
Die letzte Zahl bezeichnet das Jahr des Druckes.
Erstausgabe erschienen 2008 bei der Langenscheidt KG, München

www.klett-sprachen.de

Autor und Autorin: Theo Scherling und Elke Burger

Redaktion: Sabine Wenkums
Layout: Kommunikation+Design Andrea Pfeifer
Illustrationen und Umschlagbild: Johann Büsen
Tonregie: Theo Scherling und Sabine Wenkums
Tonaufnahme, -schnitt und -mischung: Andreas Scherling
Tonstudio: Frische Medien München und Grünton Studio München
Sprecherinnen und Sprecher: Ulrike Arnold, Jan Faszbender, Detlef Kügow, Verena Rendtorff, Ruth Stefani, Jenny Stölken, Peter Veit
Druck und Bindung: Elanders Waiblingen GmbH, Waiblingen

Printed in Germany
ISBN 978-3-12-674085-2

Leo & Co.

Die Prinzessin

INHALT

DIE HAUPTPERSONEN DIESER GESCHICHTE:

Veronika und Klaus Meier

Klaus Meier und seine Tochter Veronika haben zusammen die Kfz-Werkstatt *Meier & Meier*.

Veronika lebt und arbeitet bei ihrem Vater. Ihre kleine Tochter Iris erzieht sie allein.

Veronika muss dringend ein Fortbildungsseminar machen – aber wer kümmert sich um Iris?

Leo

Leo ist eigentlich Maler. Aber er ist auch ein leidenschaftlicher Koch. Vor ein paar Jahren hat er sein Hobby zum Beruf gemacht. Seine Kneipe *Leo & Co.* ist ein gemütliches Lokal, man kann dort gut und preiswert essen.

Und weil Klaus Meier Leos bester Freund ist, wird Leo in dieser Geschichte über Nacht zum Leihopa.

Iris

Iris wird bald fünf und geht in den Kindergarten. Sie freut sich auf die Tage mit Klaus und Leo.

Sie isst am liebsten Currywurst mit Pommes und will später einmal eine Prinzessin werden.

Benno

Benno wohnt bei Leo im Haus, über der Kneipe.

Weil er Leo manchmal hilft, muss er nicht viel Miete bezahlen.

In der Kneipe hat er zur Zeit sehr viel Arbeit.

Anna

Anna ist Studentin und jobbt in Leos Kneipe. Sie wohnt noch bei ihrer Großmutter Gertrude Sommer – Oma Trude, wie alle sie nennen.

Veronika ist Annas beste Freundin und Anna ist immer für Veronika da.

1

„So ein Mist! Jetzt ist die ganze Datei weg!“
Veronika Meier schimpft. Sie sitzt am Computer und ist sauer. Seit zwei Stunden arbeitet sie mit einer neuen Software für die Buchhaltung[1] der Werkstatt.
Veronika Meier ist Kfz-Mechanikerin und hat zusammen mit ihrem Vater Klaus die Kfz-Werkstatt *Meier & Meier*.

„Mami, wann kommst du endlich? Opa hat gekocht und das Essen wird kalt!“
In der Tür zum Büro steht Iris, Veronikas Tochter.
„Ich komme, mein Schatz. Aber zuerst werfe ich noch diesen Computer aus dem Fenster!“
„Mami, so was sagt man nicht!“
Veronika lacht.
„Komm her, mein Schatz!“
Sie breitet ihre Arme aus und gibt Iris einen Kuss.
„Ich hab’ doch nur Spaß gemacht. Komm, wir gehen rüber. Was hat Opa denn gekocht?“
„Es gibt Forellen mit Kartoffelbrei!“
„Forellen mit Kartoffelbrei? Das passt aber nicht so gut zusammen. Gibt es wirklich Fisch?“
„Ja, Forellen. So rund ...“
Iris macht mit ihren Händen einen Kreis.

1 *die Buchhaltung*: das Sammeln, Dokumentieren und Abrechnen von Rechnungen, Aufträgen usw. in einer Firma

„Und ganz viele!“
„Meinst du vielleicht Frikadellen[2] ? Dazu passt Kartoffelbrei sehr gut.“
„Genau! Frikadellen!“ Und sie wiederholt das Wort noch ein paar Mal: „Frikadellen, Frikadellen, Frikadellen!“

Veronika geht noch schnell ins Bad. Sie wäscht sich die Hände und zieht ein bequemes Kleid an.
Fünf Minuten später sitzt sie am Küchentisch.
Klaus serviert das Abendessen: Frikadellen mit Kartoffelbrei und gemischtem Salat.
In der Pfanne sind auch ein paar sehr kleine Frikadellen. Klaus legt sie auf den Teller von Iris.
Ü1 Stolz sagt Iris: „Die hab’ ich gemacht!“
Ü2 Alle lachen und essen mit großem Appetit.

Nach dem Essen fragt Iris:
„Mami, darf ich noch ein bisschen spielen?“
„Aber nicht mehr lange! Ich helfe Opa in der Küche und dann bringe ich dich ins Bett.“
„Erzählst du mir dann noch eine Geschichte?“
„Natürlich!“

Veronika räumt den Tisch ab und spült das Geschirr. Ihr Vater
Ü3 Klaus trocknet ab.

2 *die Frikadelle: das Fleischbällchen*

Veronika räumt das Geschirr in den Schrank. Dann wischt sie noch die Spüle sauber.

„Paps, ich bringe Iris ins Bett und dann suche ich im Internet nach Tipps für unsere Buchhaltung."

Klaus sitzt im Wohnzimmer und liest Zeitung.

„Mach nur. Ich gehe später noch auf ein Glas zu Leo."

2

Kurz nach 21 Uhr betritt Klaus Meier die Kneipe *Leo & Co.*
Leo & Co. ist ein gemütliches Lokal, man kann dort gut und preiswert essen.
Der Besitzer, Leo, ist der beste Freund von Klaus. Leo ist eigentlich Maler. Aber er ist auch ein leidenschaftlicher Koch. Und vor ein paar Jahren hat er sein Hobby zum Beruf gemacht.
Klaus setzt sich an einen kleinen Tisch und sieht sich um.
In der Kneipe sind nur wenige Gäste. Leo kommt mit einem Tablett mit Getränken.
„Hallo, mein Freund! Einen Roten, wie immer?"
„Gern!", lacht Klaus.
Leo bringt ein Glas Rotwein.
„Möchtest du auch etwas essen?"
„Nein, danke. Wir haben zu Hause gegessen. Ich habe gekocht!"
„Du?"
„Na, ja. Mein Standardgericht: Frikadellen mit Kartoffelpüree."
„Und? Hat's geschmeckt?", fragt Leo.
„Leo! Das Rezept ist von dir!"
„Na, dann! – Ich hole mir auch ein Glas. Ist nicht viel los heute. Bin gleich wieder da."

Einen Augenblick später kommt Leo zurück und setzt sich zu Klaus an den Tisch.
„Prost, Klaus!"
„Zum Wohl, Leo!"

„Na, wie geht's? Erzähl! Du bist ein seltener Gast in letzter Zeit."
„Mir geht's gut. Viel Arbeit. Aber das kennst du ja auch."
„Ja", seufzt Leo. „Heute Abend zum Beispiel, Anna hat frei und Benno ist bei seiner Freundin. Ich darf also alles alleine machen: Kochen, servieren, kassieren und die Küche aufräumen muss ich auch noch. Aber eigentlich wollte ich heute Abend ins Atelier gehen und malen."
Klaus nickt.
„Apropos[3] – alles alleine machen – wer macht eigentlich deine Buchhaltung?"
„Meine Buchhaltung?"

3 *Apropos*: frz. *wo wir gerade davon sprechen*

„Ja, du weißt schon. Du kaufst Fleisch, Fisch und Gemüse und du verkaufst Essen und Getränke und dann die Gehälter von Anna und Benno …“

„Das ist nicht sehr kompliziert: Meine Einnahmen laufen alle über die Kasse im Lokal. Und alles andere – warum fragst du eigentlich?“

„Veronika hat ein Problem mit unserer Buchhaltung. Sie benutzt eine neue Software. Aber irgendwie kommt sie damit nicht zurecht.“

„Hm, ich könnte ja mal Frau Theiß fragen.“

„Wer ist Frau Theiß?“

„Sie macht meine Buchhaltung. Frau Theiß hat früher in einer großen Firma gearbeitet. Seit ein paar Jahren ist sie in Rente und macht nebenbei für ein paar Leute die Buchhaltung.“

Ü4 „Das klingt gut. Frag sie doch bitte mal.“

Zur gleichen Zeit sucht Veronika im Internet nach Buchhaltungskursen. Es gibt viele Angebote:

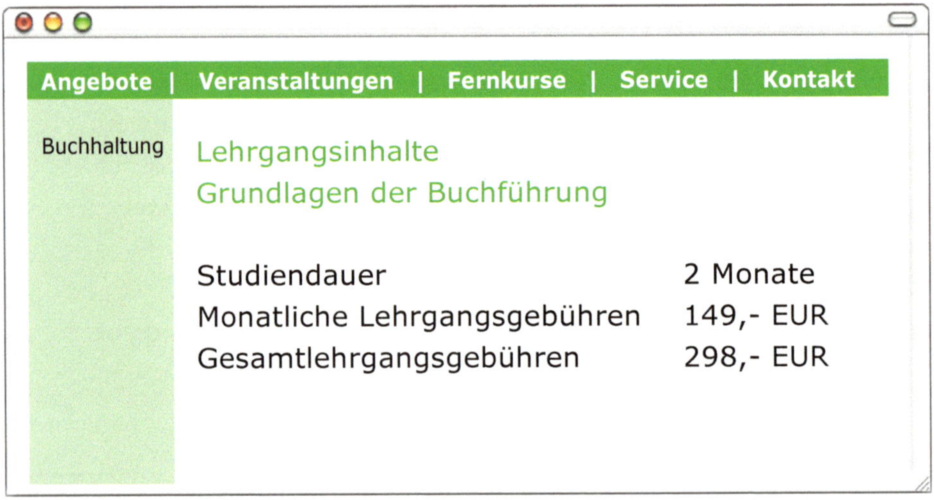

„Oh, wie praktisch! Das ist ja ein online-Kurs. Hm, aber der dauert einfach zu lange. Ich brauche so schnell wie möglich Hilfe." Sie sucht weiter.
„Hier! Das klingt interessant:"

Ü5

3

Am nächsten Morgen um 8 Uhr sitzen Iris und Veronika beim Frühstück.
„Müsli und Kakao?", fragt Veronika ihre Tochter.
„Lieber eine Frikadelle mit Kartoffelbrei."
„Aber Schatz, Frikadelle mit Kartoffelbrei ist doch kein Frühstück. Außerdem haben wir den Kartoffelbrei schon aufgegessen. Ich kann dir eine Frikadelle für die Pause im Kindergarten einpacken."
„Oh, ja!"

„Guten Morgen, allerseits!" Klaus Meier kommt in die Küche. Er trägt schon seine Arbeitskleidung.
„Hallo, Opa! Bringst du mich nachher in den Kindergarten?"
Klaus blickt kurz zu seiner Tochter Veronika und nickt.
„Aber klar, Prinzessin! Ich trinke nur noch schnell einen Kaffee und dann geht's los."
„Opa, weißt du, was ich heute für die Pause mitnehme?"
„Hm, eine Banane?"
„Nein!"
„Ein Wurstbrot?"
„Neiiiin!"
„Einen Apfel und Schokolade?"
„Neiiin! Eine Frikadelle!"
„Eine Frikadelle? Gibt es noch welche? Da möchte ich auch eine!"
„Gibt's aber nicht zum Frühstück, hat Mami gesagt. Erst musst

du dein Müsli essen, dann darfst du dir eine Frikadelle mit in die Werkstatt nehmen."
Klaus lacht und trinkt seinen Kaffee.

„Hast du gestern im Internet was gefunden?"
„Ja, schon. Aber das geht leider nicht", antwortet Veronika ein bisschen enttäuscht.
„Mach's nicht so spannend, erzähl!"

Um halb neun bringt Klaus Meier seine Enkeltochter in den Kindergarten. Ü6
„Guten Morgen, Samira! Das ist mein Opa!"
Die Praktikantin lacht: „Guten Morgen, Iris. Ich kenne deinen Opa doch schon. Er hat dich ja schon öfter gebracht oder abgeholt."
„Du kannst jetzt gehen, Opa", sagt Iris und hängt ihre Tasche an die Garderobe. „Wer holt mich heute ab? Du, oder Mami?"

Klaus gibt seiner Enkelin einen Kuss. „Heute Mittag kommt Mami. Wir sehen uns beim Mittagessen. Tschüs, Prinzessin!"
Dann fährt er zurück in die Werkstatt.
Auf dem Weg macht er einen kleinen Abstecher[4] zu seinem Freund Leo.
Er geht in das Lokal. Benno steht an der Theke und stellt gerade zwei Tassen Espresso auf ein Tablett.

„Morgen, Benno. Ist Leo da?"
„Nö, der ist auf dem Markt. Er kommt in einer Stunde zurück. Kann ich was ausrichten?"
„Sag ihm nur, dass er mich anrufen soll. Es ist wichtig."
„Geht klar, Klaus. Einen Espresso?"
„Nein, danke. Ich muss in die Werkstatt. Tschüs, Benno."
„Tschüs, Klaus."

4 *einen Abstecher machen*: nicht direkt fahren, einen Umweg machen

Benno bringt das Tablett an einen Tisch.
Er wohnt in einer kleinen Wohnung direkt über der Kneipe. Manchmal hilft er Leo. Deshalb muss er nicht viel Miete bezahlen.

In der Werkstatt repariert Klaus einen Oldtimer: Mercedes Cabrio, Baujahr 1960. Oldtimer sind seine Spezialität.
Immer wieder sieht er auf die Uhr. Er wartet auf den Anruf von Leo.
Endlich klingelt das Telefon.
„Kfz-Werkstatt *Meier & Meier*, guten Tag."
„Was gibt es so Wichtiges, mein Freund?"
„Danke, dass du anrufst. Leo, hast du schon mit Frau Theiß gesprochen?"
„Mit Frau Theiß? Worüber?"
„Über die Buchhaltung."
„Oh, je. Tut mir leid. Das habe ich ganz vergessen. Ich rufe sie sofort an. Versprochen!"
„O.k., dann bis gleich."

Fünf Minuten später klingelt wieder das Telefon.
„Klaus Meier!"
„Klaus, Frau Theiß hat abgelehnt. Sie macht das ja nur nebenbei, und die Buchhaltung für eure Werkstatt ist ihr einfach zu viel Arbeit. Tut mir leid, aber ..."
„Ist ja nicht deine Schuld, danke trotzdem."
„Sehen wir uns später? Heute gibt es frischen Fisch, habe ich gerade vom Markt geholt."
„Ich glaube nicht, Veronika kocht heute Mittag. Aber, Leo, ähm, hast du einen Kalender in der Nähe?"
„Warte mal, ja. Was möchtest du denn wissen?"
„Was machst du in zwei Wochen? Hast du da was vor?"

„Hä? Ich bin 52 Wochen im Jahr in der Kneipe oder im Atelier, das weißt du doch! Selbstständig sein[5] heißt ..."
„Ja, ja", unterbricht Klaus. „Wollen wir beide für ein paar Tage Iris übernehmen?"
„Iris übernehmen? Wie meinst du das?"
„Na ja, Veronika könnte zu einem Buchhaltungsseminar fahren. Aber das geht nur, wenn sich jemand um Iris kümmert. Und alleine ..."
Leo antwortet nicht.
„Leo? Bist du noch dran? Ich habe ja auch noch die Werkstatt und ich dachte, also, wir beide ..."
„Du dachtest, Opa Leo hat doch immer Zeit. Und vor allem hat Opa Leo ja ganz viel Erfahrung mit kleinen Kindern."
„Nein, so habe ich das nicht gemeint. Ich dachte nur ..."
„Gut gedacht, mein Lieber! Ich mache mit!", unterbricht Leo.
„Wirklich? Ganz im Ernst?"
„Na klar! Wann geht's los?"
„In zwei Wochen. Genaueres muss ich Veronika noch fragen. Danke, Leo, du bist wirklich ..."
Ü7 „... dein bester Freund!"

5 *selbstständig sein*: hier: eine eigene Firma haben

4

Zwei Wochen später.
Am Morgen bringt Veronika ihre Tochter in den Kindergarten. Sie erklärt der Kindergärtnerin Manuela und der Praktikantin Samira, dass sie für ein paar Tage verreist und ihr Vater Iris in den nächsten Tagen bringt und abholt.
Zum Abschied gibt sie Iris einen Kuss und sagt ihr noch einmal, dass Opa sie am Mittag abholt.
„Ja, ja, Mami, das hast du mir doch schon hundert Mal gesagt. Fahr du nur auf dein Seminar, ich habe ja zwei Opas."
„Zwei Opas?", fragt Veronika erstaunt.
„Ja, Opa hat mir gesagt, dass Leo auch mein Opa ist, wenn du nicht da bist."
„Aha. Na dann viel Spaß mit deinen Opas. Ich bin übermorgen wieder zurück."
„Bringst du mir was mit?"
„Vielleicht." › Ü8

Dann fährt Veronika nach Hause und packt im Büro ihre Unterlagen für das Seminar: den Laptop, die Ordner mit der Buchhaltung, Stifte, einen Block.
Dann geht sie in ihr Zimmer und packt einen kleinen Koffer.
„Für die paar Tage brauche ich nicht viel. Bequeme Kleidung, vielleicht eine schicke Bluse und einen Rock? Hm."
Zum Schluss schreibt sie Zettel mit Informationen für ihren Vater.

Auf jedem Zettel steht ein Stichwort:

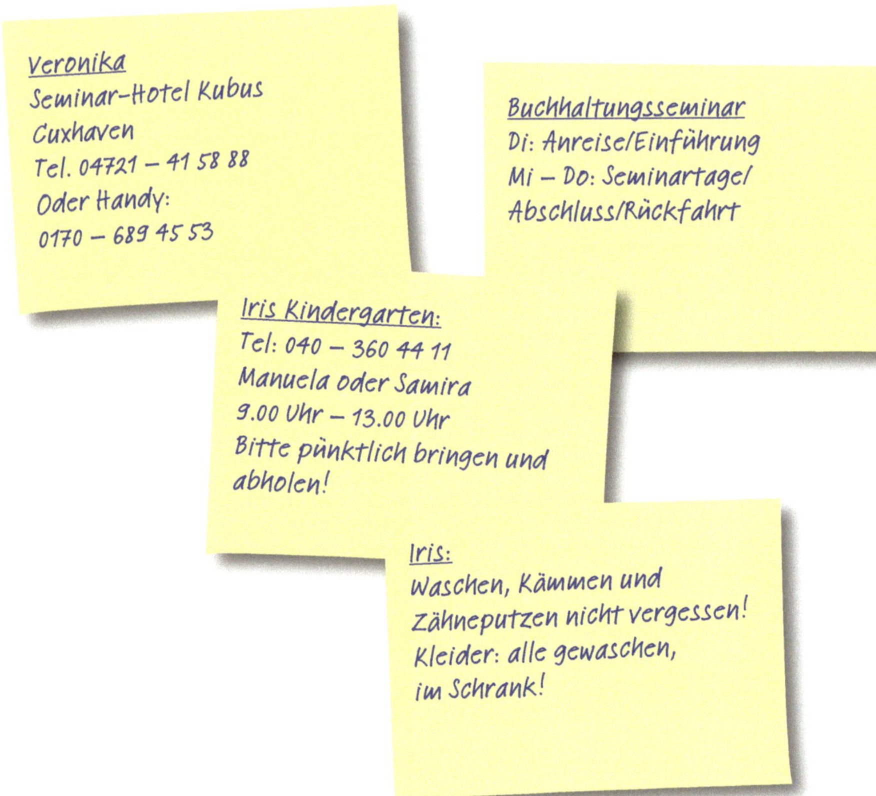

Ü9 Endlich ist sie fertig.
Sie sieht auf die Uhr: elf Uhr. Noch Zeit bis zur Abfahrt.
Veronika sucht ihr Handy.
Im Büro ist es nicht, in ihrem Zimmer ist es nicht. Es ist nicht in der Küche, nicht im Wohnzimmer, nicht in ...
„Oh, Mann! Ich hab's ja schon einpackt!"
Veronika holt ihr Handy aus dem Koffer und wählt die Nummer von Anna.

Anna ist Veronikas beste Freundin. Sie studiert und jobbt nebenbei in Leos Kneipe. Ü10

Veronika packt ihre Sachen ins Auto.
Sie geht in die Werkstatt.
„Paps? Hallo! Paaps!"
„Klaus ist nicht da", antwortet Ralf. Er arbeitet als Kfz-Mechaniker bei *Meier & Meier*.
„Und wann kommt er zurück?"
„Keine Ahnung. Er wollte ein paar Ersatzteile holen. Mittags ist er bestimmt zurück."
„Kannst du ihn bitte an Iris erinnern? Er muss sie pünktlich im Kindergarten abholen. Bitte nicht vergessen!"
„Nein nein. Mach' ich."

5

Pünktlich um 13 Uhr kommt Klaus Meier in den Kindergarten.
„Hallo, Herr Meier! Iris hat schon erzählt, dass Sie in den nächsten Tagen ihre Bezugsperson[6] sind“, sagt Manuela, die Kindergärtnerin.
„Hat sie das?“, lacht Klaus. „Wo ist sie denn?“
„Samira ist mit der Gruppe auf dem Spielplatz. Sie kommen gleich.“
Im gleichen Augenblick geht die Eingangstür auf und die Kindergruppe stürmt herein. Alle sind voller Sand, einige Kinder tragen Schaufeln und Eimer.
„Hallo, Prinzessin!“
„Hallo, Opa!“, ruft Iris. Sie freut sich.

Klaus Meier trägt seine Enkelin auf den Schultern zum Auto.
„Was machen wir jetzt, Opa?“
„Hast du Hunger?“
„Ja, wie ein Löwe!“
„Man sagt, man hat Hunger wie ein Wolf.“

6 *die Bezugsperson*: hier: diese Person bringt das Kind in den Kindergarten und holt es wieder ab

„Ich habe Hunger wie ein Löwe. Löwen sind nämlich größer als Wölfe und deshalb haben sie auch mehr Hunger!“, erklärt Iris.
„Aha. Und was essen Löwen am liebsten?“
„Spaghetti!“
„O.k., dann fahren wir jetzt zur Löwenfütterung zu Leo.“
„Oh, ja!“

„Na, hat es geschmeckt?“
„Ja, und wie! Kochst du mir morgen wieder Spaghetti, Leo?“
„Gern! Ich kann dir aber auch was anderes kochen: Hühnchen mit Reis, Gemüseauflauf oder Lasagne. Was isst du denn am liebsten?“
„Spaghetti. Oder Currywurst mit Pommes – aber die darf ich nicht essen.“

„Wieso denn nicht?“
„Mami sagt, das ist nicht gesund.“
„Ich kann auch eine gesunde Currywurst machen. Und Pommes sind doch nur Kartoffeln.“
„Ist Ketchup gesund?“
Leo lacht. „Ja, es gibt auch gesunden Ketchup!“
„Dann möchte ich morgen eine Riesen-Currywurst, Pommes und viel gesunden Ketchup.“

„Iris, ich muss jetzt rüber in die Werkstatt. Heute Nachmittag bleibst du bei Leo. Ihr geht ins Atelier zum Malen. Und am Abend komme ich wieder. O.k.?“

Ü11 „Ja, Opa. Du musst nicht alles hundert Mal erklären.“

6

Um 15 Uhr gehen die letzten Mittagsgäste, dann schließt Leo das Lokal.
„Möchtest du mir helfen, Iris?"
„Was denn?"
„Komm mal mit in die Küche. Ich bringe dir die Teller und du stellst sie hier in die Spülmaschine."
„Das kann ich! Das mache ich zu Hause auch."
Leo räumt die Tische ab und bringt das Geschirr in die Küche. Iris räumt die Spülmaschine ein.
„Darf ich dann auf den Knopf drücken?"
„Klar!"
Die letzten Teller sind eingeräumt. Leo schließt die Spülmaschine und Iris drückt den Startknopf. Dann gehen beide in Leos Atelier.

Iris steht im Atelier und sieht sich um. An den Wänden lehnen viele Bilder.
Leo malt abstrakt, d.h. seine Bilder bestehen aus Flächen und Linien, in vielen Farben.
„Leo, kannst du auch richtig malen?"
Leo lacht. „Wie meinst du das?"
„Ja, so richtig. Wo man auch was erkennt: Tiere oder Menschen oder so was?"
„Klar! Ich kann auch richtig malen. Was wollen wir denn malen?"
Iris überlegt.
„Kannst du Löwen und Elefanten?"

„Kann ich! – Wir können ja einen Dschungel malen, mit Löwen und Elefanten. Du malst den Dschungel und ich die Tiere?"
„Dschungel kann ich gut malen!", antwortet Iris. „Hast du Grün?"
„Ja, sieh mal, hier!"

Die nächsten beiden Stunden vergehen wie im Flug[7].
Auf dem großen Blatt Papier entsteht ein Dschungel mit vielen Tieren.
„Machen wir eine kleine Pause? Ich gehe schnell runter in die Kneipe und hole uns was zu trinken. Möchtest du eine Cola?"
„Cola darf ich nicht."
„Aha, und warum nicht?"
„Mami sagt, das ist nur Zucker."
„Ich habe auch eine Cola ohne Zucker!"
„Die darf ich!"

Leo bringt Cola und Plätzchen.
Dann sehen sich die beiden ihr Bild an.

„Darf ich das Bild mit nach Hause nehmen, Leo?"
„Klar! Aber erst muss es noch trocknen. Du kannst es ja in deinem Zimmer aufhängen."
„Aber hier möchte ich noch einen Papagei. Leben Papageien im Dschungel, Leo?"
„Ich glaube schon. Warte mal, ich habe hier irgendwo ein Buch. Da sehen wir mal nach."

Ü12 7 *wie im Flug*: Redewendung: *sehr schnell*

Um 18 Uhr klopft es an der Tür.
„Herein!“, ruft Leo.
Anna steckt ihren Kopf durch die Tür.
„Hallo, ihr beiden!“
„Hallo, Anna!“
Iris springt aus dem Sessel und rennt zu Anna.
„Anna, Anna, sieh mal! Wir haben einen Dschungel gemalt!“
Anna bewundert das große Bild.
Dann sieht sie zu Leo und zeigt auf ihre Uhr.
„Leo, es ist schon sechs. Oder hast du heute Ruhetag?“
„Nein, nein, ich komme gleich. Außerdem ist schon alles vorbereitet. Am besten kommst du mit uns nach unten, Iris. Klaus kommt bestimmt gleich.“
Die drei gehen in die Küche.

Um halb sieben sitzen schon viele Gäste bei *Leo & Co.*
Klaus ist immer noch nicht da.
Benno steht an der Theke und bereitet die Getränke vor: Saft, Wasser, Bier, Wein.
Anna serviert die Getränke und nimmt die Bestellungen fürs Essen entgegen.
In der Küche arbeitet Leo.

Jetzt ist es kurz vor sieben. Iris sitzt bei Leo in der Küche und isst einen riesengroßen Teller Spaghetti.
„Hallo, Prinzessin!“
Klaus kommt in die Küche. Er trägt immer noch seine Arbeitskleidung.
Leo deutet auf die Uhr und sagt: „Hatten wir nicht 18 Uhr abgemacht?“

Klaus Meier zuckt mit den Schultern. „Tut mir leid, mein Freund, aber ..."
„Schon o. k.! Hast du Hunger?"
„Und wie!"
Klaus setzt sich neben Iris und bekommt auch einen Teller Spaghetti.

Eine halbe Stunde später liegt Iris zu Hause im Bett und schläft.
Klaus Meier schließt vorsichtig die Tür zu ihrem Zimmer und geht ins Bad.
Da klingelt das Telefon.

Ü13

7

Am nächsten Morgen steht Klaus Meier um 7 Uhr in der Küche und kocht Kaffee.
Er sieht auf den großen Terminkalender an der Wand.
„Mittwoch, hm – oh nein! 9 Uhr 30, Jaguar bei Wagner abholen. – Mist!“
Dann deckt er den Tisch: Müsli und Orangensaft für Iris, Kaffee, Brot, Butter, Marmelade für sich.
Um acht Uhr weckt er Iris.
„Guten Morgen, Prinzessin, das Frühstück ist fertig!“
Verschlafen sieht Iris ihren Opa an.
„Guten Morgen, Opa!“
„Hier habe ich deine Kleider hingelegt. Kannst du dich alleine anziehen?“
„Natürlich, Opa!“

Klaus geht zurück in die Küche. Er blickt kurz auf die Uhr und nimmt sein Handy.

„Leo!“
„Morgen, Leo. Entschuldige, ich weiß, es ist noch früh, aber ...“
„Klaus! Ich bin schon lange auf. Ich fahre jetzt gleich zum Markt. Was gibt's?“
„Kannst du Iris nachher in den Kindergarten bringen? Ich habe um halb zehn einen wichtigen Termin. Den hab' ich ganz vergessen.“
Nach einer kleinen Pause antwortet Leo ironisch:

„Eigentlich wolltest du dich doch um Iris kümmern, oder?"
„Ja, ich weiß."
„Ich hole Iris in einer halben Stunde ab, o. k.?"
„Danke, Leo! Tschüs!"

Um 9 Uhr kommt Leo mit Iris in den Kindergarten. Iris ist sehr stolz.
„Das ist mein Opa Leo. Er ist ein berühmter Künstler. Und er kann ganz gut malen!"
„Was kannst du denn malen?", fragt ein kleiner Junge.
Leo lacht: „Alles!"
„Auch was Schwieriges?"
„Was ist denn schwierig?"
„Ein Elefant!"
„Elefanten kann er!", mischt sich Iris ein. „Das ist ganz leicht!"
„Malst du einen?", bittet der Junge.
„Ja, aber ganz schnell!"

Anschließend fährt Leo auf den Markt und kauft für das Mittagessen ein.
Den Vormittag verbringt er in der Küche und bereitet die Gerichte vor.
Kurz nach ein Uhr kommen Klaus Meier und Iris zum Mittagessen.

„Na, Prinzessin, hast du heute wieder Hunger wie ein Löwe?", fragt Leo.
„Ja! Riesenhunger!!"
„Das ist gut. Ich habe dir heute eine gesunde Currywurst mit Pommes gemacht."
„Und eine Cola?"

„Ja, eine Kindercola!"
Klaus hört das Gespräch und sieht nicht sehr glücklich aus.
„Ähm, Leo, Veronika meint, dass Iris gesund essen soll, und Currywurst ..."
„Keine Sorge, die Wurst ist aus dem Bioladen. – Kein Fleisch, Tofu!", flüstert Leo Klaus zu.
„Igitt!", antwortet Klaus und verzieht das Gesicht.
„Auf die Sauce kommt es an[8], mein Freund. Warte mal ab. Und was darf ich dir bringen?"
„Bitte bloß keine gesunde Wurst. Ich nehme die Lasagne."

Eine halbe Stunde später räumt Leo die leeren Teller ab.
„Na, hat es geschmeckt?"
„Prima!", ruft Iris.
„Siehst du, auf die Sauce kommt es an[8]. Noch einen Espresso und für die junge Dame vielleicht ein Eis?"
Klaus nickt.
„So viel Zeit haben wir noch."
„Wir gehen heute Nachmittag in den Zoo!", erklärt Iris.
„Schön!", antwortet Leo. „Du denkst aber an das Spiel heute Abend?"
„Klar, das beginnt ja erst um acht."

Klaus Meier und seine Enkelin verbringen den Nachmittag im Zoo.
Iris kennt schon fast alle Tiere.
Sie erzählt Klaus, dass sie mit Leo ein großes Dschungelbild gemalt hat. Mit vielen Tieren.
Nach ein paar Stunden ist Iris müde.
„Opa, ich kann nicht mehr laufen. Trägst du mich?"

8 *auf die Sauce kommt es an: die Sauce ist wichtig*

„Aber klar, Prinzessin!"
Klaus setzt Iris auf seine Schultern und schlendert[9] gemütlich zum Ausgang.

Auf der Heimfahrt schläft Iris im Auto ein.
Klaus trägt sie vorsichtig in ihr Zimmer und legt sie ins Bett.
Er sieht auf die Uhr: „Erst halb sieben. Aber vielleicht schläft sie ja durch."
Dann geht er ins Büro und hört den Anrufbeantworter ab:

Ü14
Ü15

9 *schlendern: langsam gehen*

Um halb acht kommt Leo. Er bringt einen Korb voll Essen mit und eine Flasche Wein.

„Fingerfood!", lacht Leo und legt die Snacks auf kleine Teller.

Klaus öffnet die Flasche Wein und stellt zwei Gläser auf ein Tablett. Dann bringen sie alles ins Wohnzimmer.

Klaus schaltet den Fernseher ein.

Leo schenkt jedem ein Glas Wein ein und die beiden Freunde stoßen an.

„Prost! Auf ein gutes Spiel!"

Sie sehen sich den Vorbericht an. Ein berühmter Fußballspieler stellt die beiden Mannschaften vor und spricht mit verschiedenen Experten.

Um acht beginnt das Fußballspiel: Deutschland gegen Spanien.

„Was guckt ihr da?"
„Iris!", ruft Klaus.
„Opa, ich habe Hunger!"
Klaus steht auf, hebt Iris hoch und setzt sie zwischen sich und Leo.
„Komm, iss was und guck noch ein bisschen Fußball mit uns. In der Pause bringe ich dich ins Bett."

Um halb zehn steht das Spiel immer noch 0:0. Iris ist noch gar nicht müde.
Das Telefon klingelt.
„Leo, machst du bitte den Fernseher leise? – Meier?"
„Hallo, Paps, ich bin's. Ich habe heute Mittag schon mal angerufen."
„Da waren wir im Zoo", unterbricht Klaus. Er sieht zu Iris und legt seinen Zeigefinger auf den Mund.
„Oh, wie schön! Dann schläft Iris bestimmt wie ein Murmeltier[10]. Seit wann ist sie denn im Bett?"
„Ähm, seit halb acht."
„Danke, Paps, dass du dich so liebevoll um Iris kümmerst. Ich hoffe, du hast deswegen keinen Stress in der Werkstatt?"
„Nein, nein, alles im grünen Bereich[11]."
Im selben Augenblick springt Leo auf und schreit: „Tor! Tor!"
Und Iris macht es ihm nach: „Tor! Tor!"
Dann fragt sie:
„Leo, was ist ein Tor?"

10 *schlafen wie ein Murmeltier*: Redewendung: *tief und fest schlafen*
11 *alles im grünen Bereich*: ugs. für *alles in Ordnung*

8

Am Donnerstagmorgen bringt Klaus Meier Iris in den Kindergarten.
Iris ist müde. Sie ist spät ins Bett gegangen und hat wenig geschlafen.
Klaus denkt über das Telefonat vom Abend nach. Seine Tochter Veronika hat mit ihm geschimpft, weil Iris so lange aufbleiben darf und ein blödes Fußballspiel ansehen muss.
Und dann ist heute Vormittag dieser wichtige Termin.
Klaus muss einen Oldtimer aus Stade holen: mit der Bahn hin und mit dem alten Chevrolet zurück. Das dauert bestimmt ein paar Stunden. Hoffentlich ist er rechtzeitig zurück – sonst gibt es neuen Ärger. Am Abend kommt Veronika zurück.

„Iris-Schatz?"
„Ja, Opa?"
„Heute Mittag holt Leo dich ab."
„Und was machen wir dann?"
„Dann kocht er dir was Feines und am Nachmittag geht ihr vielleicht ins Kino."
„Darf Daniel auch mitkommen?"
„Wer ist denn Daniel?"
„Daniel ist mein Freund! Darf Daniel mitkommen?"
„Ich frag' Leo."

Eine halbe Stunde später kommt Klaus zu *Leo & Co.*
„Hallo, Benno! Ist Leo da?"

„Morgen, Klaus. Der Chef ist oben."
Eilig geht er in den ersten Stock und klopft.
„Hallo, Leo!"
„Komm rein!"
„So früh schon im Atelier?"
„Ja, ich habe heute Mittag eine Präsentation in einer Galerie. Die wollen vielleicht meine Bilder ausstellen."
„Ach so …"
„Hey, freust du dich denn überhaupt nicht über die internationale Karriere von Leo, dem Künstler, deinem besten Freund?"

„Doch, doch! Ich dachte nur …"
„Iris?"
„Ja. Ich muss nachher nach Stade und ich dachte …"
„Tut mir leid, mein Lieber, heute geht es auf keinen Fall."
„Und wenn du Iris mitnimmst?"
„Bist du verrückt? Das ist ein sehr wichtiger Termin für mich! Bestimmt wichtiger als dein Termin in Stade!", antwortet Leo energisch.
„Entschuldige, dass ich gefragt habe!" Beleidigt verlässt Klaus Meier das Atelier.
Ü16 „Jetzt sei doch nicht gleich beleidigt!", ruft Leo ihm hinterher.

Um 12 Uhr 30 ist Klaus Meier auf dem Rückweg von Stade zur Werkstatt.
Er fährt schnell, viel zu schnell, in dem alten Chevrolet.
Er sieht auf seine Uhr. „Noch eine halbe Stunde, das können wir schaffen! Komm, halte durch, alter Knabe!"
Aber die Temperatur im Motor steigt und wenig später kommt Rauch aus der Motorhaube.
Ü17 „Mist! Mist! Mist! Jetzt komme ich zu spät!"
Ü18 Klaus Meier fährt zur nächsten Tankstelle.

Kurz nach halb zwei ist Klaus Meier beim Kindergarten.
Er stellt den Oldtimer ab und rennt zum Eingang.
Geschlossen.

Er geht um das Gebäude zum Garten, aber es ist niemand mehr da.
Er läuft noch einmal zum Eingang.
An der Tür hängt keine Nachricht, kein Zettel, nichts.
Langsam bekommt Klaus Panik.
Wo ist Iris?
Wer hat Iris abgeholt?
Hoffentlich erfährt Veronika nichts!

Klaus muss die Kindergärtnerin anrufen. Aber die Nummer ist im Büro und er hat kein Handy dabei.
Er rennt zurück zum Auto und will sofort losfahren. Aber der Chevrolet macht keinen Mucks[12].
Klaus probiert es noch einmal.
Nichts.
Er steigt aus und wirft wütend die Autotür zu. Ü19

12 *keinen Mucks machen*: ugs. für *kein Geräusch machen, sich nicht bewegen*

9

Im selben Augenblick hält ein kleiner Lieferwagen vor dem Kindergarten.
„Ach, du bist da! Tut mir leid, ich habe mich verspätet."
„Leo?"
„Warum gehst du nicht an dein Handy? Ich habe angerufen und wollte dir sagen, dass ich Iris doch holen kann."
„Sie ist weg."
„Was? Wie bitte?"
„Iris ist weg, alle sind weg. Ich habe keine Ahnung ..."
„Jetzt beruhige dich. Sie ist bestimmt mit einem anderen Kind aus der Gruppe mitgegangen."
„Wenn Veronika das erfährt ..."
„Oder jemand hat sie zu euch nach Hause gebracht. Komm, steig ein, wir fahren zur Werkstatt."

Kurze Zeit später sind sie dort.
Klaus Meier springt aus dem Auto und rennt in die Halle:
„Ralf! Ralf!"
„Was ist los, Chef?"
„Ist Iris da?"
Ralf legt sein Werkzeug weg. „Iris? Ist sie heute nicht im Kindergarten?"
„Doch, nein! Hat jemand angerufen?"
„Keine Ahnung. Ich war die ganze Zeit in der Werkstatt, da höre ich kein Telefon."

Klaus wird panisch[13].
„Vielleicht hat ja jemand eine Nachricht hinterlassen", beruhigt Leo.
Klaus Meier nickt und läuft ins Büro. Leo läuft hinterher.

Klaus drückt hektisch die Taste des Anrufbeantworters.
Zusammen hören sie die Nachrichten ab:

13 *panisch werden: sehr große Angst bekommen*

Ein Anruf von Gerstäcker.
Ein Anruf von Benno.
Kein Anruf vom Kindergarten.
„Und was machen wir jetzt?“, fragt Klaus verzweifelt.
„Hast du die private Nummer von der Kindergärtnerin?“
„Nein. Hier steht nur die Nummer vom Kindergarten, so ein Mist!“
„Sollen wir die Polizei anrufen? Das ist ja so was wie ein Notfall.“
„Bist du verrückt?“
„Dann musst du Veronika anrufen. Sie hat bestimmt die Handynummern der anderen Eltern.“
„Dann lieber die Polizei“, stöhnt Klaus Meier.

Plötzlich klingelt das Telefon.
„Oh Gott, das ist bestimmt Veronika!!! Was sag’ ich ihr jetzt?“
„Soll ich rangehen?“
„Ich geh’ schon ran, aber was soll ich ihr sagen? Soll ich sagen, dass wir Iris verloren haben, oder was?“
„Wir? Pass mal auf, mein Freund, die letzten Tage habe ich viel mehr Zeit mit Iris verbracht als ...“
Aber bevor Leo den Satz zu Ende sagen kann, schaltet sich der Anrufbeantworter ein:

„Hallo, Opa, hier ist Iris. Ich bin bei Anna. Wir spielen Verkleiden. Und ich bin die Prinzessin!“ Ü20

ENDE

KAPITEL 1

1 Was wissen Sie über Veronika Meier? Ergänzen Sie die Sätze.

Veronika Meier ist ____________________________________.

Mit Ihrem Vater hat sie ______________________________.

Iris ist ______________________________.

2 Welche deutschen Gerichte kennen Sie noch? Sammeln Sie.

3a Worüber sprechen Veronika und ihr Vater Klaus? Hören Sie und kreuzen Sie an.

1. Veronika und Klaus sprechen über Probleme bei der Arbeit. ☐
2. Veronika und Klaus sprechen über die Tochter von Veronika. ☐

3b Hören Sie noch einmal und ergänzen Sie.

Rechnung • VW • Mercedes • angerufen • Kurs • geschrieben • Programm • falsch • kostet • machen • teuer • angerufen

„Der Gerstäcker hat heute ______________________. Er war ziemlich sauer ..."
„Wieso?"
„Mit der ______________________ stimmt was nicht. Du hast eine Rechnung für seinen Mercedes ______________________."
„Ja, ja, ich weiß!"

„Aber in der Rechnung waren Ersatzteile für einen

________________________.“

„Oh Mann! Dann ist die Rechnung für Frau Krüger auch

________________________.“

„Richtig. Die hat auch ________________________ ...“

„... weil bei ihr die Teile für den ________________________ abgerechnet sind, oder?“

„Genau!“

„Leider ist das aber gar nicht lustig.“

„Ich weiß, Paps. Aber ich komme mit dem neuen ________________________ für die Buchhaltung nicht klar. Vorhin ist es mir wieder abgestürzt. Ich glaube, ich brauche mal einen richtigen ________________________.“

„Dann mach doch einen!“

„Sehr witzig! Wann soll ich den bitte ________________________? Und wer kümmert sich um Iris? Nein, ich glaube, wir brauchen jemanden für die Buchhaltung.“

„Das ________________________ bestimmt ein paar hundert Euro im Monat. Viel zu ________________________!“

KAPITEL 2

4 Richtig oder falsch? Kreuzen Sie an.

	R	F
1. Leo und Klaus sind Freunde.	☐	☐
2. Leo ist Maler und Koch.	☐	☐
3. In Leos Kneipe ist heute viel los.	☐	☐
4. In Leos Kneipe gibt es heute Frikadellen mit Kartoffelpüree.	☐	☐
5. Klaus hat viel Arbeit.	☐	☐
6. Frau Theiß arbeitet für Leo.	☐	☐

5 **Lesen Sie das Angebot auf S. 15 noch einmal. Welche Informationen braucht Veronika vielleicht noch (Ort/Beginn/...)? Formulieren Sie Fragen.**

______

______

______

______

KAPITEL 3

6a **Der Online-Kurs: Wie lange dauert der Online-Kurs? Hören Sie.**

______

6b **Das Seminar: Hören Sie noch einmal und notieren Sie die Informationen.**

Wo findet das Seminar statt? ______

Ist das Seminar teuer? ______

Wie lange dauert es? ______

Wann beginnt das Seminar? ______

Wann muss sich Veronika anmelden? ______

6c **Vergleichen Sie Ihre Angaben mit dem Text.**

„Na ja, es gibt einen online-Kurs für Buchhaltung."
„Das ist doch prima. Den kannst du von zu Hause aus machen."
„Ja, schon. Aber er dauert zwei Monate und wir brauchen jetzt Hilfe."
„Da hast du Recht."
„Ich habe auch noch ein anderes Angebot gefunden."
„Und?"
„Das geht leider auch nicht."
„Und warum nicht?"
„Also, es gibt ein Seminar für Buchhaltung. Gar nicht mal so teuer und ganz in der Nähe."
„Und wo ist das Problem?"

„Es dauert drei Tage."
„Das ist doch kein Problem, drei Tage komme ich hier auch ohne dich klar."
„Und wer kümmert sich in der Zeit um Iris?"
„Ach so. – Klar. Du kannst sie ja nicht mitnehmen."
„Nein. Und das ist das Problem!"

„An Iris hab' ich jetzt gar nicht gedacht. – Wann beginnt denn das Seminar?"
„In zwei Wochen. – Aber anmelden muss ich mich schon morgen."
„Morgen schon? Hm. Ich bringe Iris jetzt erst mal in den Kindergarten und dann überlegen wir. Vielleicht gibt es ja noch eine andere Lösung."
„Ah ja? Und was für eine?"
„Frau Theiß!"
„Jetzt machst du es aber spannend! Wer ist denn Frau Theiß?"
„Sie macht die Buchhaltung für Leo."
„Ach so."

7 Was ist passiert? Ordnen Sie zu.

1. Klaus bringt Iris
2. Auf dem Heimweg
3. Nur Benno ist
4. Frau Theiß kann Klaus
5. Leo möchte sich mit Klaus

A in der Kneipe.
B um Iris kümmern.
C nicht helfen.
D in den Kindergarten.
E besucht er Leo.

KAPITEL 4

8 Helfen Sie Veronika beim Kofferpacken. Was braucht sie für die drei Tage? Sammeln Sie.

9 Sie verreisen auch: Schreiben Sie wie Veronika Zettel mit Informationen.

10a Was soll Anna tun? Hören Sie.

Anna soll ______________________________

10b Was ist richtig? Hören Sie noch einmal und kreuzen Sie an.

Veronika	☐ ist schon in Cuxhafen. ☐ ist noch zu Hause.
Das Seminar	☐ beginnt schon heute. ☐ beginnt erst morgen.
Dass Iris jetzt zwei Opas hat,	☐ findet Anna gut. ☐ findet Anna nicht gut.

10c Hören Sie, lesen Sie und vergleichen Sie.

„Hallo, Veronika!“
„Hallo, Anna. Störe ich?“
„Nein, du störst nicht. Bist du schon in Cuxhaven?“
„Nein. Ich bin noch zu Hause. Ich hab’ gepackt und fahr’ gleich los.“
„Wann beginnt denn das Seminar?“
„Heute Nachmittag um drei.“
„Und gleich volles Programm?

„Ja. Zuerst Programm vorstellen, dann Teilnehmer kennenlernen und um 17 Uhr beginnen die Workshops. – Aber ich freue mich schon. Weißt du, dass das meine erste Reise ohne Iris ist?"
„Wirklich?"
„Ja. Irgendwie schon komisch, aber vielleicht auch mal ganz gut ..."
„Klaus kriegt das schon hin."
„Besser gesagt: Klaus und Leo."
„Leo?"
„Iris hat mir heute Morgen erzählt, dass sie jetzt ein paar Tage zwei Opas hat. – Kannst du vielleicht ein bisschen auf die beiden Herren aufpassen?"
„Veronika, mach dir keine Sorgen! Zwei Superopas, das ist doch der Traum von jedem Kind!"
„Meinst du? Aber Iris braucht gesundes Essen und ihren Schlaf. Und die beiden ..."
„Fahr du mal zu deinem Seminar. Die beiden werden das Kind schon schaukeln. Und zur Not bin ich ja auch noch da. Ich muss aufhören, die ersten Gäste kommen. Tschüs, Veronika, und viel Spaß!"
„Tschüs! Und danke, Anna!"

KAPITEL 5

11 Was sollen Kinder essen und was nicht? Sammeln Sie.

Das sollen Kinder essen:	Das sollen Kinder nicht essen:

KAPITEL 6

12 Was machen Leo und Iris am Nachmittag? Finden Sie die Verben.

Die Tische im Restaurant ______________________

Die Spülmaschine ______________________

In Leos Atelier ______________________

Leos Bilder ______________________

Ein Dschungelbild ______________________

Cola ______________ und Plätzchen ______________

13a Warum ruft Veronika an? Hören Sie.

____

13b Hören Sie noch einmal und ergänzen Sie die Fragen.

Bist du gut angekommen? • Hat sie wenigstens ordentlich gegessen? • Paps, kann ich mal kurz mit Iris sprechen? • Und hat sie die Zähne geputzt? • Und hast du ihr einen frischen Schlafanzug angezogen? • Was habt ihr gemacht? • Was? Jetzt schon? • Bei Leo?

„Meier."
„Hallo, Paps!"
„Veronika! ______________________________________"
„Ja, alles bestens. Und der erste Nachmittag war toll. Ich glaube, das wird ein richtig gutes Seminar. ______________________

______________________ Ich muss gleich los, wir wollen uns zu einem Strandspaziergang treffen."
„Iris ist schon im Bett."
„______________________________ Es ist doch erst halb acht."

„Sie war einfach müde. Und sie wollte nicht mal mehr eine Geschichte hören.“

„____“

„Ähm, also, sie war heute Nachmittag bei Leo ...

„________________________ Paps, du hast versprochen ...“

„Ja, ja! Die beiden haben gemalt, Bücher angesehen und ...“

„____“

„Klar!“

„____“

„Bestimmt.“
„Wie, das weißt du nicht?“
„Na ja, sie war allein im Bad.“

„____“

„Oh, das habe ich vergessen.“
„Paps, denk morgen früh bitte an das Pausenbrot. Am besten eine Scheibe Brot mit Frischkäse und ein Apfel. Du, ich muss jetzt los. Ich ruf' morgen Abend wieder an. Tschüüüs!“
„Ja – und viel Spaß beim Seminar! Tschüs, Veronika.“

KAPITEL 7

14 Fassen Sie Kapitel 7 bis hier zusammen. Schreiben Sie Sätze.

Klaus: Termin • Leo: Iris, Kindergarten • Mittagessen • Nachmittag: Zoo

____

____

____

____

____

15a Wer hat angerufen? Hören Sie und notieren Sie die Namen.

15b Hören Sie noch einmal und ergänzen Sie.

Herr Gerstäcker möchte ______________________________.

Klaus soll ______________________________.

Veronika ruft ______________________________.

Leo sagt, er ______________________________

______________________________.

Anke Schmidt ist ______________________________.

Sie möchte ______________________________.

Klaus soll sie ______________________________.

Ankes Handynummer ist ______________________________.

KAPITEL 8

16 Richtig oder falsch? Kreuzen Sie an.

	R	F
1. Iris hat wenig geschlafen und ist noch müde. Deshalb geht sie nicht in den Kindergarten.	☐	☐
2. Veronika hat mit ihrem Vater geschimpft. Iris soll früh schlafen gehen und abends nicht fernsehen.	☐	☐
3. Klaus hat am Vormittag einen wichtigen Termin.	☐	☐
4. Am Nachmittag geht Klaus mit Iris und ihrem Freund Daniel ins Kino.	☐	☐
5. Leo hat einen Termin in einer Galerie. Er nimmt Iris einfach mit, das findet sie bestimmt interessant.	☐	☐
6. Klaus ist sauer auf Leo.	☐	☐

17 Klaus kann Iris nicht pünktlich vom Kindergarten abholen. Was soll er jetzt tun?

Am besten … / Er muss natürlich … / Er kann auch … / Vielleicht …

18a Wen ruft Klaus an? Hören Sie.

____

18b Lesen Sie. Stimmt das? Hören Sie.

Klaus ruft in Leos Kneipe an. Aber Leo ist nicht da. Benno sagt, in der Kneipe ist nicht viel los und er kann Iris vom Kindergarten abholen. Das ist kein Problem, Anna kommt gleich und macht die Mittagsschicht. Benno bekommt die Adresse vom Kindergarten von Ralf. Der arbeitet in der Werkstatt von Klaus.

18c Hören Sie noch einmal und notieren Sie die richtigen Informationen. Schreiben Sie einen korrekten Text.

____

____

____

____

____

18d Vergleichen Sie Ihre Version mit dem Originaltext.

„*Leo & Co.*, guten Tag."
„Hallo, Benno! Ist Leo noch da?"
„Leo? Nein, der hat einen Termin."
„Dann gib mir bitte mal Anna."
„Anna?"
„Ja, Anna! Mensch, Benno, ich hab's eilig!"
„Anna arbeitet heute nicht in der Kneipe."
„Benno, könntest du schnell in den Kindergarten fahren und Iris abholen?"
„Machst du Witze? Hier ist die Bude voll und ich bin alleine."
„Könntest du vielleicht im Kindergarten anrufen und sagen, dass ich später komme?"
„Kein Problem. Gib mir einfach die Nummer ..."

„Tja, hm, ich habe dummerweise mein Handy vergessen. Die Telefonnummer ist in der Werkstatt. Sie ist an der Pinwand im Büro. Ruf doch einfach Ralf an, er soll dir die Nummer geben!"
„Oh, Mann!"
„Benno? Benno?"

19 Wie geht die Geschichte weiter? Sammeln Sie Ideen.

KAPITEL 9

20 Wie kommt Iris zu Anna?

Wahrscheinlich ... / Das ist doch ganz klar! ...

A GUT, DASS ES GROSSELTERN GIBT!

1 Denken Sie an Ihre Großeltern und notieren Sie Ihre Gedanken. Nehmen Sie auch das Wörterbuch zu Hilfe.

Wer? Woher? Wo? Wie? Wann? Was? ...

In der Familie spielen Großeltern in den meisten Kulturen eine zentrale Rolle. Sie sind für die Kinderbetreuung wichtig. 30 % der Kin-

der unter sechs Jahren werden in Deutschland einmal pro Woche von den Großeltern betreut. Ca. 47 Stunden im Monat widmen die Großeltern ihren Enkelkindern. Aber auch die finanzielle Unterstützung von Großeltern ist bedeutend. In Deutschland geben Großeltern im Durchschnitt mindestens 10 % ihrer Rente für die Enkelkinder oder die Kinder aus. Bei Umfragen sagen Enkel und Großeltern mit großer Mehrheit, dass sie eine gute bis sehr gute Beziehung zueinander haben. Am wichtigsten ist dabei nicht, wie oft sich Großeltern und Enkel sehen, sondern wie intensiv das Miteinander ist. Die Untersuchungen zeigen auch, dass die Enkelkinder gern mit ihren Großeltern allein sind. Man hat herausgefunden, dass Kinder mit regelmäßiger Betreuung durch die Großeltern schon im frühen Alter besser sprechen können, bessere Schulnoten und ein gutes Sozialverhalten haben. Auch bei den Großeltern zeigt der regelmäßige Kontakt positive Wirkungen: Sie sind geistig und körperlich aktiver und altern[1] langsamer.

1 *altern: alt werden*

2a Wo steht das im Text?

Familien brauchen die Großeltern für die Kinder. Zeile/n ________

Die Großeltern helfen auch finanziell. Zeile/n ________

Die Großeltern-Enkel-Beziehung ist meistens gut. Zeile/n ________

2b Was ist den Enkelkindern bei den Großeltern wichtig?

____

2c Notieren Sie die positiven Wirkungen der Beziehung auf die Kinder:

____

und auf die Großeltern:

____

B KÖNNEN WIR DENN KEINE OMI MIETEN?

Wenn Kinder keine Großeltern mehr haben, wenn die Entfernung zu ihnen sehr groß ist, oder wenn Kinder aus anderen Gründen keinen oder nur selten Kontakt zu ihren Großeltern haben, müssen sie trotzdem nicht ohne Oma und Opa leben. Denn Omas kann man tatsächlich mieten. Genauer gesagt: leihen. Opas natürlich auch. Und das schon ziemlich lange. 1979 entsteht in Hamburg der erste Oma-Hilfsdienst in Deutschland. Seine Aufgabe: Familien in Notsituationen schnell und unbürokratisch bei der Kinderbetreuung helfen. Den zweiten gibt es in Bremen 1981, hier schon als **Oma-Opa-Hilfsdienst**. Inzwischen gibt es in allen großen und in vielen kleineren Städten einen Leih-Oma-/Leih-Opa-Service. Familien nehmen diesen Service aus vielen Gründen gern in Anspruch: Manche suchen Leih-Großeltern zusätzlich zu einem Babysitter, damit die Kinder auch Kontakt zu älteren Menschen haben. Andere, weil es nicht genug Kindergartenplätze gibt, weil beide Elternteile berufstätig sind und die Kinder eine Betreuung brauchen, oder weil die eigenen Großeltern schon tot sind oder zu weit weg wohnen. Auch umgekehrt gibt es viele Menschen, die keine eigenen Enkelkinder haben, aber genügend Zeit und Lebenserfahrung mitbringen, Freude an Kindern haben und sich deshalb als Ersatz-Oma oder -Opa engagieren wollen. Sie haben Energie und gute Nerven, sind körperlich und geistig fit, zeitlich flexibel und unternehmenslustig.

3 Suchen Sie die Informationen im Text und notieren Sie.

Seit wann gibt es Leih-Omas? ______________________

Warum entscheiden sich Familien für Leih-Omas/Leih-Opas?

____

Wer eignet sich als Leih-Oma/Leih-Opa?

____

C LEIH-OMA-/LEIH-OPA-SERVICE

Service: Es gibt Agenturen, Mütterzentren, Seniorenbüros und viele andere Institutionen, die Leih-Omas vermitteln. Viele Familien schalten auch einfach eine Anzeige im Internet.

> **Hallo!** Ich bin Paula und suche eine liebevolle Leihoma für meine Kinder: Mädchen 3, Junge 5 Jahre alt.
> Wenn Sie ca. 8–10 Stunden in der Woche Zeit haben, schon Erfahrungen mit Kindern haben und in der Nähe wohnen, sollten wir uns kennenlernen ...

Kosten: Die Kosten sind unterschiedlich. Die meisten Leih-Großeltern verlangen kein Geld, andere bekommen zwischen 5 und 10 Euro pro Stunde. Bei manchen Agenturen muss man eine Vermittlungsgebühr bezahlen.

Zeit: Wie viel Zeit die Leih-Großeltern mit den Kindern verbringen, ist von Familie zu Familie anders. Von ein- bis zweimal im Monat bis zu ein paar Stunden in der Woche. Wichtig ist der regelmäßige Kontakt.

Aufgaben: Die Leih-Omas und Leih-Opas sind keine billigen Arbeitskräfte, sie müssen nicht putzen und kochen, sie sind allein für die Kinderbetreuung da. Alle anderen Leistungen sind freiwillig und müssen abgesprochen und eventuell bezahlt werden.

Die passende Familie bzw. die richtigen Leih-Großeltern finden: Bei Agenturen und Vermittlungsbüros gibt es meist einen Fragebogen, hier können die suchenden Familien und die Leihgroßeltern ihre Wünsche und Vorstellungen eintragen. In Gesprächen klärt man, ob die Personen sich überhaupt eignen. Dann wählt man für die jeweilige Familie einen passenden Leih-Opa oder eine passende Leih-Oma aus und organisiert ein erstes Treffen. Wenn beide zueinander passen, vereinbart man die ersten Einsätze zur Betreuung. Bei Problemen sucht man eine andere Leih-Oma oder einen anderen Leih-Opa. Der Leih-Großeltern-Service ist ein großer Erfolg. Sowohl Familien, Kinder als auch die Leih-Großeltern machen hauptsächlich positive Erfahrungen. Ein Problem gibt es allerdings: Es gibt viel zu wenig Leih-Großeltern.

4 Richtig oder falsch? Kreuzen Sie an.

	R	F
1. Leih-Großeltern findet man über jede Job-Vermittlung.	☐	☐
2. Für viele Familien ist der Leih-Service zu teuer, weil die Leih-Großeltern leider viel Geld kosten.	☐	☐
3. Es ist nicht so wichtig, wie oft die Leih-Großeltern ihre Ersatzenkelkinder sehen. Wichtig ist nur, dass die Treffen regelmäßig stattfinden.	☐	☐
4. Leih-Großeltern sind nur für die Kinder da. Sie müssen keine Hausarbeit machen.	☐	☐
5. Die Leih-Großeltern und die Familien müssen gut zueinander passen, nur dann funktioniert der Service.	☐	☐

Übersicht über die in dieser Reihe erschienenen Bände:

Stufe 1 ab A1
Das schnelle Glück
Der 80. Geburtstag
Die Neue
Die Prinzessin
Ein Hundeleben
Gebrochene Herzen
Miss Hamburg
Schwere Kost

Stufe 2 ab A2
Der Einbruch
Der Jaguar
Große Gefühle
In Gefahr
Liebe im Mai
Oktoberfest – und zurück
Schöne Ferien
Unter Verdacht

Stufe 3 ab B1
Hinter den Kulissen
Leichte Beute
Speed Dating
Stille Nacht